L'INTERCOMMUNALITÉ AU SÉNÉGAL

Un outil de coopération
et de développement territorial

Awa Gueye THIOUNE

L'INTERCOMMUNALITÉ AU SÉNÉGAL

Un outil de coopération
et de développement territorial

GUIDE PRATIQUE

Préface

Oumar SYLLA

Directeur (intérim) du Bureau Régional Afrique ONU-Habitat

© L'Harmattan-Sénégal, 2021
10 VDN, Sicap Amitié 3, Lotissement Cité Police, DAKAR
http://www.harmattansenegal.com
senharmattan@gmail.com
senlibrairie@gmail.com

ISBN: 978-2-343-23797-8
EAN: 9782343237978

SOMMAIRE

Remerciements 9

Liste des sigles et abréviations 11

Liste des encadrés 13

Liste des cartes 15

Préface 17

Avant-propos 21

Introduction 23

I. Définition de l'intercommunalité 29

II. Le cadre juridique de l'intercommunalité au Sénégal 33

III. Les formes de l'intercommunalité et de la coopération territoriale : expériences pratiques 39

IV. Les préalables et les principes clés de l'intercommunalité 45

V. Instruments de gouvernance de l'intercommunalité 49

VI. Les phases, étapes, règles et procédures pour réussir une initiative d'intercommunalité - Comment procéder ? 55

VII. Leçons tirées des expériences d'intercommunalité au Sénégal 59

VIII. Recommandations aux acteurs de l'intercommunalité 63

Bibliographie 67

Annexes 71

Portrait de l'auteur 81

REMERCIEMENTS

Mention spéciale à ma famille mon pilier !

Un grand merci à Mr Ousmane SOW, Directeur de l'Agence Régionale de Saint-Louis et à Mr Ousmane SONKO, Directeur de l'Agence Régionale de Ziguinchor pour la documentation utile et leur engagement en faveur de l'intercommunalité.

Mention spéciale à mes frères et amis Oumar SYLLA, Pape Ibra LO et Ibrahima THIAW pour leur soutien constant.

LISTE DES SIGLES ET ABRÉVIATIONS

ADL	:	Agence de Développement Local
CGCT	:	Code Général des Collectivités Territoriales
CNDT	:	Commission Nationale du Dialogue des Territoires
CT	:	Collectivité Territoriale
CUD	:	Communauté Urbaine de Dakar
GIC	:	Groupement d'Intérêt Communautaire
JORS	:	Journal Officiel de la République du Sénégal
PACASEN	:	Programme d'Appui aux Communes du Sénégal
PDC	:	Plan de Développement Communal
PDD	:	Plan Départemental de Développement
PT	:	Pôle-Territoire
TOM	:	Taxe sur les Ordures Ménagères
UAEL	:	Union des Associations d'Élus Locaux

LISTE DES ENCADRÉS

Encadré 1 : Dispositions clés du cadre juridique relatif à l'intercommunalité au Sénégal —38

Encadré 2 : Les préalables de l'intercommunalité —45

Encadré 3 : Phases du diagnostic de territoire. —55

Encadré 4 : Processus d'intercommunalité —56

Encadré 5 : Facteurs de succès de l'intercommunalité —62

LISTE DES CARTES

Carte 1 : Exemple de carte des ressources forestières — 51

Carte 2 : Carte des intercommunalités — 52

Carte 3 : Carte des intercommunalités — 53

Carte 4 : Carte réalisée par l'ARD de Saint-Louis, une initiative à promouvoir — 54

Carte 5 : Carte des intercommunalités — 54

Préface

Le Sénégal fait partie des plus grandes écoles de la démocratie locale en Afrique, avec une volonté manifeste et permanente des autorités politiques et administratives à créer un cadre d'expression et de gouvernance citoyenne à tous les niveaux de représentation territoriale. Plusieurs réformes témoignent de cette dynamique depuis les indépendances. Après celles de 1972 et de 1992, le Gouvernement de la République du Sénégal a encore pris un acte audacieux pour parachever le processus de la décentralisation à travers l'Acte 3 de la décentralisation qui a fait l'objet de beaucoup de discussions, et même de controverses. La nouvelle étape de la décentralisation, connue sous le nom de l'Acte 3, devenue officielle depuis 2013, devient une réforme audacieuse du fait de son ampleur. Elle constitue aussi un pari sur la capacité des collectivités territoriales et de ceux qui les gèrent à se substituer à l'État dans tout ce qui touche les affaires locales.

Toutefois, il convient de souligner que l'euphorie politique ne doit pas occulter les réalités dans lesquelles vivaient déjà les collectivités territoriales, avec le manque de ressources, de *compétitivité à la fois territoriale, économique et environnementale.*

Les collectivités territoriales doivent désormais être perçues comme des moteurs de croissance et de développement économiques, avec la promotion de l'entrepreneuriat local, et non comme des outils à des fins électorales.

La décentralisation par essence répond non seulement aux besoins de participation des citoyens à la gestion publique, mais permet d'alléger davantage les charges de l'État central à travers la prise en charge des besoins des populations en matière d'infrastructures de base, de service public et d'accès à un bien-être. Cependant, cela requiert des territoires financièrement et économiquement viables, à défaut desquels on risque d'assister à un simulacre de décentralisation, comme il est d'expérience dans plusieurs pays africains.

Pendant qu'il est encore tôt de tirer les leçons de l'Acte 3 de la décentralisation qui a été une innovation institutionnelle majeure pour le Sénégal, il s'avère dès à présent opportun de réfléchir sur les voies et moyens pour renforcer la dynamique de collaboration entre les collectivités territoriales. Elles sont en majorité confrontées à des problèmes de ressources financières et techniques pour pouvoir jouer le rôle de subsidiarité vis-à-vis de l'État sans quoi nous allons encore persister dans l'illusion de voir ces entités jouer celui de provision du service public local et de la poursuite du mieux-être des populations.

La voie du salut résulte de la mise en marche d'une collaboration et d'une mutualisation des moyens entre collectivités territoriales ; ce qui donne tout un sens au discours de M. Macky SALL, Président de la République, lors du Lancement de la Réforme de l'Acte 3 de la Décentralisation tenu à Dakar le 19 Mars 2013, avec un appel fort à l'intercommunalité et à la solidarité entre collectivités territoriales. Cela est plus que jamais requis si les collectivités territoriales veulent jouer un rôle de premier plan dans la relance de l'économie locale affectée par la pandémie de COVID-19 et qui requiert, à la fois, une mise en cohérence des politiques et stratégies, un partage et une mutualisation des ressources et moyens.

Par conséquent, c'est le moment de mettre à la disposition des élus locaux, les outils et le cadre appropriés pour faire une réalité l'intercommunalité qui devient une approche incontournable pour pallier les insuffisances des collectivités territoriales et œuvrer pour une dynamique d'efficacité et de productivité de l'action publique.

Nous devons apprendre des expériences réussies du passé, notamment avec la Communauté Urbaine de Dakar, pour jeter les fondements solides d'une intercommunalité adaptée au nouveau contexte marqué par de nouveaux défis sanitaire, environnemental et économique. Ce à quoi répond ce guide sur l'intercommunalité, qui est le fruit d'une longue gestation et analyse du nouveau contexte politique et social du Sénégal.

L'intercommunalité permettra non seulement aux collectivités territoriales de répondre aux nouvelles exigences de compétitivité, mais aussi elle constitue une trajectoire vers la réalisation des Objectifs du Développement Durables par la création de territoires résilients, sûrs et durables (ODD 11).

Oumar SYLLA
Directeur (intérim) du Bureau Régional Afrique ONU-Habitat

AVANT-PROPOS

L'Acte III de la décentralisation au Sénégal a introduit des innovations institutionnelles majeures, mais également des chantiers nouveaux. Ces défis et changements concernent le contenu de notre décentralisation (les textes législatifs et réglementaires) et le contenant (les structures devant piloter ce processus). À ce titre, les orientations majeures apportées avec l'A3D appellent de nouveaux paradigmes, de nouvelles structures. A titre d'exemple, nous pouvons citer la création de la Commission nationale du Dialogue des Territoires -CNDT- *qui doit se présenter comme une passerelle État-Collectivité territoriale capable de relayer, au niveau national, les questions qui se posent au niveau local. La CNDT a fait un travail important sur l'intercommunalité qui mérite d'être valorisé.*

Des questions majeures soulevées par la réforme et restées encore ouvertes méritent réflexion et solutions concrètes pouvant impacter positivement notre politique de décentralisation. L'émiettement des territoires pose un problème de mise en cohérence de leur existence et de leur développement. Face à cette situation, il est important de mutualiser les capacités d'action des collectivités territoriales pour leur permettre d'atteindre des objectifs d'intérêt général difficiles à faire supporter par une collectivité territoriale individuellement prise.

La complexité de la gestion publique et la demande croissante des citoyens, à la fois clients et usagers, appellent la coopération entre collectivités territoriales.

Des dynamiques d'intercommunalité sont donc à construire et à conforter.

Ayant vite compris l'importance de l'intercommunalité dans la dynamique de développement territorial impulsée par l'Acte 3 de la Décentralisation, nous entendons, à travers ce guide, orienter et rationaliser les initiatives attendues des collectivités territoriales et de l'État dans ce domaine.

INTRODUCTION

La présente introduction retrace le contexte de l'élaboration du guide de l'intercommunalité, en décline les objectifs et en précise les destinataires.

1. Contexte de l'élaboration du guide de l'intercommunalité au Sénégal

Lancée avant les indépendances, la décentralisation au Sénégal a connu plusieurs réformes. Celle du régime actuel a opté pour la refondation de l'action territoriale de l'État à travers le projet de réforme dénommé « Acte III de la décentralisation ».

De quoi s'agit-il ?

Décliné dans une vision qui s'inspire de celle du chef de l'État qui consiste à « organiser le Sénégal en territoires viables, compétitifs et porteurs de développement durable à l'horizon 2022 », l'Acte III de la décentralisation s'adosse sur une option de territorialisation qui va bâtir le développement du Sénégal à partir des opportunités, atouts et potentialités de chaque terroir.

La réforme doit arriver à produire des mutations profondes au niveau des territoires et de la décentralisation. À travers elle, l'État entend promouvoir la pertinence et le rendement des politiques publiques par le biais de l'approche territoriale du développement qui permettra une exploitation optimale des ressources de chaque territoire. Cette option permet d'activer et de valoriser toutes les potentialités de chaque territoire, selon une démarche inclusive, qui intègre l'ensemble des catégories d'acteurs, articule les différents niveaux territoriaux et réconcilie les politiques sectorielles aux dynamiques territoriales réelles. L'objectif visé est d'arriver à un développement territorial.

Le développement territorial est un processus utilisant les initiatives locales et s'appuyant sur les potentialités du territoire comme moteur du développement économique. Il est prôné dans les pays en développement en complément des mesures macroéconomiques et des grands projets.

Dans un contexte de rareté des ressources financières, le partenariat public-privé se présente comme une alternative salutaire. Il s'agit, pour les collectivités qu'une fiscalité locale peu productive confine à des ressources largement en deçà des ambitions, de nouer des partenariats gagnant-gagnant avec des structures privées nationales ou étrangères. L'article 14 du Code Général des Collectivités Territoriales précise bien que les conventions de partenariat public - privé des collectivités territoriales sont passées conformément aux dispositions législatives et réglementaires en vigueur.

Au-delà du recours au secteur privé, la coopération intercoammunale est une alternative à la rareté des ressources propres et au cloisonnement des territoires. Sur la base de l'ancienne loi de 1996 sur la décentralisation, des initiatives de coopération ont été prises et mises en œuvre. Malheureusement, comme l'ont révélé les résultats et conclusions issus des ateliers organisés en février et en août 2014 par respectivement l'Union des Associations des Élus locaux (UAEL) et l'Agence de Développement local (ADL), l'intercommunalité demeure marginale du fait des contraintes majeures dont les plus importantes sont : (i) la faiblesse et le manque de clarté du cadre organisationnel et juridique régissant et organisant les initiatives d'intercommunalité ; (ii) le faible portage politique de l'intercommunalité par les élus et les instances locales de décision ; (iii) la faible connaissance et compréhension des enjeux de l'intercommunalité ; (iv) la forte dépendance technique et financière des collectivités territoriales ; (v) le manque de données statistiques désagrégées sur les collectivités territoriales et d'outils de planification adaptés des formes d'intercommunalité existantes ; (vi) la faible capacité de constitution et d'exécution des intercommunalités par les élus et autres acteurs locaux.

2. Objectifs et intérêt du guide

L'objectif du guide de l'intercommunalité est d'orienter les initiatives présentes et futures prises par les collectivités territoriales en matière de coopération et de solidarité en les arrimant plus étroitement à l'impératif de développement territorial.

De manière plus spécifique, ce guide vise à :

- fixer le cadre juridique de l'intercommunalité au Sénégal ;
- tirer les leçons de l'intercommunalité au Sénégal ;
- fixer les étapes et règles pour une intercommunalité réussie ;
- formuler des recommandations utiles aux principaux acteurs de l'intercommunalité.

Ce guide veut servir de référence aux acteurs du développement territorial. Son ambition est de permettre aux collectivités territoriales et à leurs partenaires d'insérer leurs initiatives en matière d'intercommunalité dans le cadre tracé par les lois et règlements. Il les aidera à tenir compte des bonnes pratiques capitalisées et à contourner les contraintes identifiées.

3. Destinataires du guide

Ce guide s'adresse :
- aux communes et départements, acteurs principaux et bénéficiaires des initiatives d'intercommunalité ;
- à l'État, partenaire des collectivités territoriales chargé par ailleurs d'encourager et d'impulser les initiatives d'intercommunalité ;
- au représentant de l'État chargé de veiller à la légalité des initiatives d'intercommunalité ;
- au secteur privé et aux mouvements associatifs appelés à participer à la mise en œuvre des initiatives en la matière ;
- aux universitaires et instituts de formation ;

- aux partenaires au développement susceptibles de concourir à la promotion, à l'impulsion et au financement de l'intercommunalité.

Le guide apporte des éclairages sur le rôle que les acteurs des territoires doivent jouer au service de la loi et du développement territorial ainsi que les synergies qui doivent transcender leurs intérêts respectifs et propulser des initiatives d'envergure dans ce domaine.

I. DÉFINITION DE L'INTERCOMMUNALITÉ

La discussion du thème de l'intercommunalité est aussi particulièrement intéressante, à cette période précise, dans laquelle le Sénégal, qui traverse une étape décisive de son histoire, s'est donné un temps de réflexion pour réorganiser ses structures et son environnement socio-économique et institutionnel avant d'engager, j'allais dire d'affronter, avec le maximum d'atouts et de chances de succès, la bataille pour l'émergence.

Dans les lignes du dictionnaire de l'intercommunalité (Massimi, 2001), celle-ci est définie comme « un terme générique désignant l'ensemble des procédures, dispositifs et organismes de coopération intercommunale ou groupements de communes ».

Une définition qui rejoint celle de Wikipédia (l'encyclopédie libre du net), ainsi citée « L'intercommunalité est le regroupement de communes ou de municipalités dans une structure légale en vue de coopérer dans un ou plusieurs domaines comme l'eau, les ordures, les transports, les infrastructures comme les piscines ou bibliothèques, le développement économique, l'aménagement ou l'urbanisme » [1]. Aussi pour Philippe Dallier [2], l'intercommunalité, c'est « faire mieux à moindre coût pour le contribuable, ce que chaque commune seule ne peut faire ou ferait moins bien et à un coût plus élevé ».

Traditionnellement, l'intercommunalité est le rassemblement institutionnel de plusieurs communes qui partagent un projet de développement. Pour la réalisation de ce projet, les communes mettent en commun leurs moyens et leurs ressources dans un souci d'efficacité de la gestion publique.

L'intercommunalité est la possibilité accordée aux collectivités territoriales d'entreprendre, au niveau interne, entre elles, avec l'État ou d'autres organismes, des actions de coopération et de développement en vue de prendre en charge des problèmes communs, dans la limite de leurs domaines de compétence (Selon *l'Agence de Développement Local*).

De ce point de vue, l'intercommunalité se retrouve alors au cœur de l'action publique locale et modifie l'architecture traditionnelle du secteur public local.

L'intercommunalité constitue un modèle de gouvernance du développement à l'échelle des territoires et produit de la

---

[1] http://fr.wikipedia.org/wiki/Intercommunalite
[2] Voir rapport d'information du Sénat session ordinaire 2005-2006 présenté par M. PHILIPPE DALLIER sénateur « l'intercommunalité à fiscalité propre ».

valeur et des enseignements qui méritent d'être considérés dans les stratégies de promotion du développement local.

Axe majeur de la cohérence et de l'équité des territoires, cela signifie que cette forme de coopération et de partenariat entre collectivités publiques est l'une des voies de la réussite de la planification du développement économique territorial durable.

L'intercommunalité s'entend des moyens d'arriver à un renforcement et une simplification de la coopération intercommunale.

L'expression intercommunalité désigne les différentes formes de coopération existant entre les communes et, au sens large, entre les communes et d'autres organismes. Elle peut répondre à plusieurs préoccupations :

- la gestion commune de certains services publics locaux ou la réalisation d'équipements locaux, de manière à mieux répartir les coûts et à profiter d'économies d'échelle. Dans ce cas, les communes recherchent une forme de coopération intercommunale relativement souple ou « associative » ;
- la conduite collective de projets de développement local. En faisant ce choix, les communes optent pour une forme de coopération plus intégrée ou « fédérative ».

La première forme de coopération correspond à une intercommunalité de gestion, tandis que la seconde est une intercommunalité de projet.

Les communautés n'ont pas attendu d'avoir un cadre juridique pour nouer des relations de partenariat ou de coopération. Elles ne vont non plus pas attendre la finalisation d'un cadre juridique pour poursuivre leurs échanges.

Au Sénégal, la coopération entre collectivités est antérieure à la loi n°96-06 du 22 mars 1996 portant Code des Collectivités locales. Elle remonterait à 1983 avec la première tentative de regroupement des communes de Dakar, Pikine et Rufisque autour d'une initiative de gestion des ordures (Communauté Urbaine de Dakar créée par décret n° 83-1131 du 29 octobre 1983). L'intercommunalité a ensuite pris son essor en s'enrichissant d'un cadre normatif à travers les différents codes qui organisent la vie des collectivités territoriales.

À la différence des collectivités territoriales, les structures intercommunales n'ont que des compétences limitées (principe de spécialité). Les communes leur transfèrent les attributions nécessaires à l'exercice de leurs missions et elles se trouvent investies, à leur place, des pouvoirs de décision et exécutif (principe d'exclusivité).

II. LE CADRE JURIDIQUE DE L'INTERCOMMUNALITÉ AU SÉNÉGAL

*L*a collaboration intercommunale est permise. Selon la loi, les transferts de compétences prévus par la loi ne peuvent autoriser une collectivité territoriale à établir ou à exercer une tutelle sur une autre. Toutefois, les collectivités territoriales peuvent librement entretenir entre elles des relations fonctionnelles et de coopération en stricte conformité avec les textes législatifs et réglementaires en vigueur.

La loi n° 2013-10 du 28 décembre 2013 portant Code Général des Collectivités Territoriales consacre son chapitre III à la Coopération et à la Solidarité.

Suivant les articles 16 à 19 dudit code :

> « Les collectivités territoriales peuvent entreprendre, suivant des modalités fixées par décret, des actions de coopération entre elles, avec l'État ou toute autre structure appropriée en vue de la promotion et de la coordination des actions de développement dans des domaines spécifiques » (article 16).

« Les collectivités territoriales peuvent, individuellement ou collectivement, entreprendre avec l'État la réalisation de programmes d'intérêt commun » (article 17).

« Dans le respect du principe de libre administration, l'État garantit et organise le principe de solidarité entre les collectivités territoriales. À cet effet, il peut mettre en place des mécanismes d'incitation (article 18).

« Dans les conditions prévues par le présent code, les collectivités territoriales peuvent, dans le cadre de leurs compétences propres, entreprendre des actions de coopération qui donnent lieu à des conventions avec des collectivités territoriales de pays étrangers ou des organismes internationaux publics ou privés de développement (article 19).

Le code de 2013 est assez laconique sur la question de l'intercommunalité et renvoie à un décret pour en fixer les modalités. À ce jour, les décrets n'ont pas été pris et il faut donc recourir à l'ancien code.

L'ancien code de 1996 précise :

Article 179. - Deux ou plusieurs conseils municipaux peuvent créer entre eux, à l'initiative de leurs maires, une entente sur les objets d'intérêt communal commun, compris dans leurs attributions.

Ces ententes font l'objet de conventions autorisées par les conseils respectifs, signées par les maires et approuvées par arrêté du représentant de l'État ou par arrêté du ministre chargé des Collectivités locales si les communes sont dans deux régions différentes.

Article 180. - Les questions d'intérêt commun sont débattues dans des conférences où chaque conseil municipal est représenté par une commission spéciale constituée à cet effet et composée de trois membres élus au scrutin secret.

Les commissions spéciales forment la commission administrative chargée de la direction de l'entente.

Les représentants de l'État dans les régions et dans les départements comprenant les communes intéressées peuvent toujours assister aux conférences visées au premier alinéa du présent article ou s'y faire représenter.

Les décisions qui y sont prises ne sont exécutoires qu'après avoir été ratifiées par tous les conseils municipaux intéressés.

Article 239. - Plusieurs communautés rurales peuvent décider de constituer entre elles, ou avec une ou plusieurs communes, un groupement d'intérêt communautaire ayant pour objet la gestion ou l'exploitation des terres du domaine national, de bien d'équipements, d'infrastructures ou de ressources intéressant plusieurs communautés rurales et une ou plusieurs communes.

Article 240.- Le groupement d'intérêt communautaire est créé par décret sur le vœu des conseils municipaux et ruraux intéressés, après avis du conseil régional.

Article 241.- Le groupement d'intérêt communautaire peut être créé dans le cas où des terres du domaine national sises dans les communautés concernées sont normalement affectées à des personnes n'appartenant pas à ces communautés rurales bien que s'y livrant à des activités agricoles ou pastorales à titre principal.

Article 242. - Le décret de création définit le rôle du groupement d'intérêt communautaire ainsi que l'organisation et les modalités de fonctionnement de son conseil. Les attributions confiées aux présidents et aux conseils de communauté rurale sont exercées par le président et par le Conseil du groupement d'intérêt communautaire en ce qui concerne l'objet figurant dans le décret de création, dans les limites de leurs compétences.

Pour les communes entre elles, deux possibilités se présentent :

1. Créer une entente intercommunale

Cette option est plus souple que celle du GIC. Il suffit d'une décision officielle (par délibération) des deux conseils actée par les maires respectifs et approuvée par le Représentant de l'État.

L'inconvénient d'une telle option, c'est que pour chaque décision à prendre, les délégations respectives des deux conseils devront se réunir et tomber d'accord. La loi ne précise pas les modalités de signature des actes pris. S'agira-t-il d'une signature tournante ou d'une cosignature ?

2. Créer un Groupement d'Intérêt Communautaire -GIC-

Le GIC est une solution possible. L'inconvénient est certainement les risques de lenteurs puisque le GIC est créé par décret.

Mais l'intercommunalité au sens large couvre également la coopération entre les départements érigés en collectivités territoriales en 2013, la coopération entre communes et département, la coopération entre les collectivités territoriales et l'État, entre les collectivités territoriales de pays étrangers ou des organismes internationaux publics ou privés de développement.

Suivant l'article 245 du CGCT, restent soumises à l'approbation préalable du représentant de l'État les conventions financières de coopération internationale comportant des engagements d'un montant fixé par décret.

Enfin, le Conseil National de Développement des Collectivités Territoriales CNDCT- établit chaque année un état de la coopération décentralisée et formule toutes propositions utiles.

Encadré 1 : Dispositions clés du cadre juridique relatif à l'intercommunalité au Sénégal

Références	Contenu	Observations
Article 16 du CGCT	« Les collectivités territoriales peuvent entreprendre, suivant des modalités fixées par décret, des actions de coopération entre elles, avec l'État ou toute autre structure appropriée en vue de la promotion et de la coordination des actions de développement dans des domaines spécifiques ».	Les décrets d'application doivent être pris pour opérationnaliser ces possibilités légales offertes aux collectivités territoriales.
Article 27 (chapitre II : compétences du département)	« Le Département peut passer des conventions avec l'État ou avec d'autres collectivités locales ou leurs groupements, pour mener avec eux des actions relevant de leur compétence, dans le strict respect de leurs attributions. Il peut proposer aux communes du ressort du département toutes mesures tendant à favoriser la coordination des investissements locaux et des actions de développement, sous réserve des dispositions de l'article 15 du présent code ».	

III. LES FORMES DE L'INTERCOMMUNALITÉ ET DE LA COOPÉRATION TERRITORIALE : EXPÉRIENCES PRATIQUES

Avant A3D	Avec A3D
Types et formes d'intercommunalité	
- la Coopération interrégionale ou Entente interrégionale - les regroupements entre communes ; - les ententes intercommunales ; - les communautés urbaines ; - les regroupements entre communautés rurales ; - les ententes entre communautés ; - les groupements mixtes, etc. ; - la communauté des agglomérations de Dakar (CADAK) ; - la communauté des agglomérations de Rufisque (CAR) ;	- *L'Entente interdépartementale de Fatick-Gossas-Foundiougne (contribuer, dans le respect des dispositions de la loi, à la promotion, la coordination et la conduite d'initiatives, d'actions et de projets de développement d'intérêt commun, dans une démarche solidaire de coopération territoriale).* - Réseau des maires du Bassin du Fleuve Sénégal - Ngaparou–Somone–Malicounda-Mbour - Initiatives au Sénégal oriental - Saint-Louis-Dagana-Podor - etc.

Avant A3D	Avec A3D
- l'Entente CADAK-CAR ; - les groupements d'intérêt communautaire.	
Base légale	
Code Général des Collectivités Territoriales de 2013 -articles **16, 17 et 18**, 27 en tant que forme de coopération entre collectivités territoriales. (articles 279, 283 et 291 du Code Général des Collectivités Territoriales) - la réalisation de programmes d'intérêt commun grâce au principe de la solidarité	

1. L'intercommunalité : pour quoi faire ?

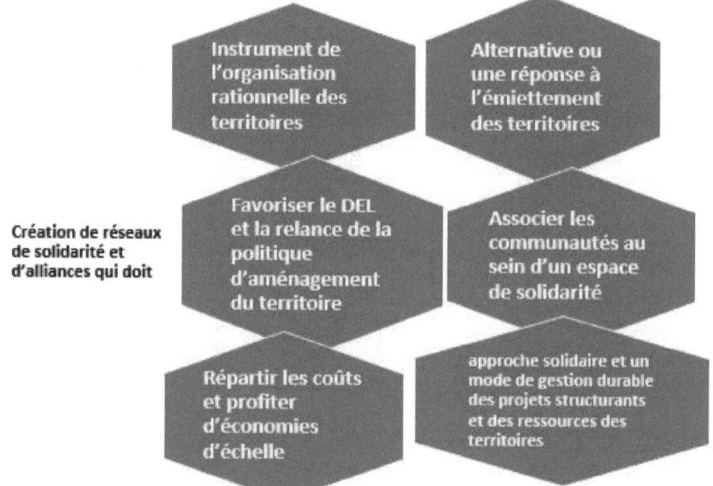

2. Exemples de projets de territoire

IV. LES PRÉALABLES ET LES PRINCIPES CLÉS DE L'INTERCOMMUNALITÉ

Encadré 2 : Les préalables de l'intercommunalité

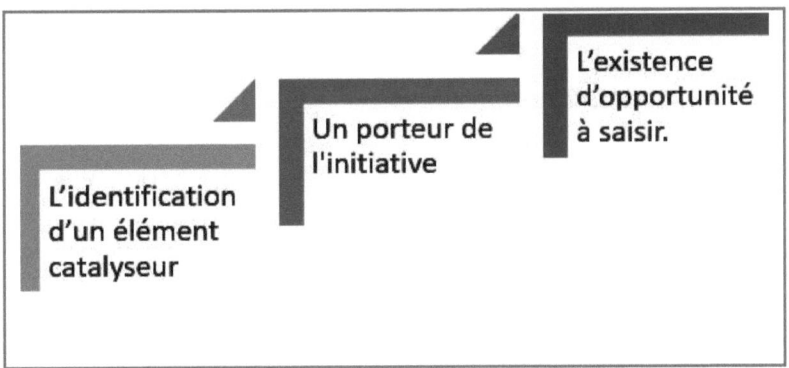

1. Principes clés

a. Principe de spécialité

Dans le cadre de l'intercommunalité, des compétences propres sont confiées aux structures intercommunales.

Leurs compétences sont limitées à des domaines qui leur sont limitativement transférés. La raison d'être de l'intercommunalité doit être clairement indiquée.

b. Principe d'exclusivité

Les compétences transférées aux structures intercommunales restent à celles-ci. En transférant leurs compétences à des structures intercommunales, les collectivités territoriales se dessaisissent de celles-ci. La structure intercommunale créée détient désormais un pouvoir de décision et un pouvoir d'exécution.

Dans le cadre de compétences partagées entre les CT et la structure intercommunale, la convention instituant l'intercommunalité définit les rôles et responsabilités de chaque partie prenante et fixe les modalités de mise en œuvre.

c. Principe de mutualisation

La mise en commun des compétences et moyens permet de résoudre plus efficacement les problèmes communs. L'intercommunalité incite à une mise en commun des compétences et des moyens des collectivités territoriales.

d. Principe de représentativité indirecte

Aucune élection n'est organisée par les collectivités territoriales pour désigner leurs représentants au sein de la structure intercommunale.

Les élus présents au sein de la structure intercommunale sont mandatés par leur collectivité territoriale.

2. L'intercommunalité, périmètre et hinterland

L'intercommunalité crée des liens de coopération. À la base de l'intercommunalité comme évoqué plus haut, il y a toujours un territoire et un projet. Ce territoire voulu par les parties est différent du territoire administratif et géographique des structures intercommunales créées.

Le territoire d'application de l'intercommunalité est un territoire virtuel. Cette virtualité territoriale apparaît dès lors comme un espace négocié, voulu et souhaité d'un commun accord par la structure intercommunale. Le territoire de l'intercommunalité est un territoire puissant de coopération parce que tenant compte d'un certain nombre d'éléments (physique, géographique, communautaire).

Espace identifié, vécu et approprié par ses habitants, le territoire créé doit mobiliser les acteurs locaux autour d'enjeux communs.

V. INSTRUMENTS DE GOUVERNANCE DE L'INTERCOMMUNALITÉ

1. Les organes de gouvernance de l'intercommunalité

L'intercommunalité de par sa complexité implique un mode de gouvernance rapprochée. En effet, l'intercommunalité concilie deux exigences : la mutualisation ou mise en commun et la libre administration des collectivités territoriales.

a. *Une instance politique de réflexion et de pilotage*

Cette instance doit réunir les maires et présidents de conseil départemental concernés et sert à la fois de pilotage et d'orientation de la structure intercommunale.

b. Une instance de suivi

Cette instance revêt deux fonctions :
- une fonction de suivi des activités réalisées par la structure intercommunale ;
- une fonction de reddition des comptes. Cette instance doit faire le bilan des comptes administratifs et financiers de la structure intercommunale.

c. Une instance de discussion et d'information

Plate-forme regroupant l'ensemble des parties prenantes, cette structure permet d'informer sur les progrès et les difficultés enregistrés au niveau de la structure intercommunale. Elle doit tenir des réunions régulières, facteur de succès de l'intercommunalité. Cette structure peut créer en son sein des commissions spécialisées autour des problématiques de l'intercommunalité. Seront membres des personnes choisies en fonction de leur expérience et de leur expertise avérée.

2. Les outils de gouvernance de l'intercommunalité

a. Carte des potentialités

Les territoires disposent parfois de beaucoup d'atouts. Parmi les potentialités de développement, il y a :
- le tourisme ;
- la pêche ;
- l'agriculture ;
- le tissu associatif ou communautaire ;

- l'engagement et le dynamisme de la population locale ;
- le potentiel fiscal existant à valoriser ;
- etc.

b. Exemple de cartes de coopération territoriale réalisées au niveau des collectivités territoriales

Carte 1 : Exemple de carte des ressources forestières

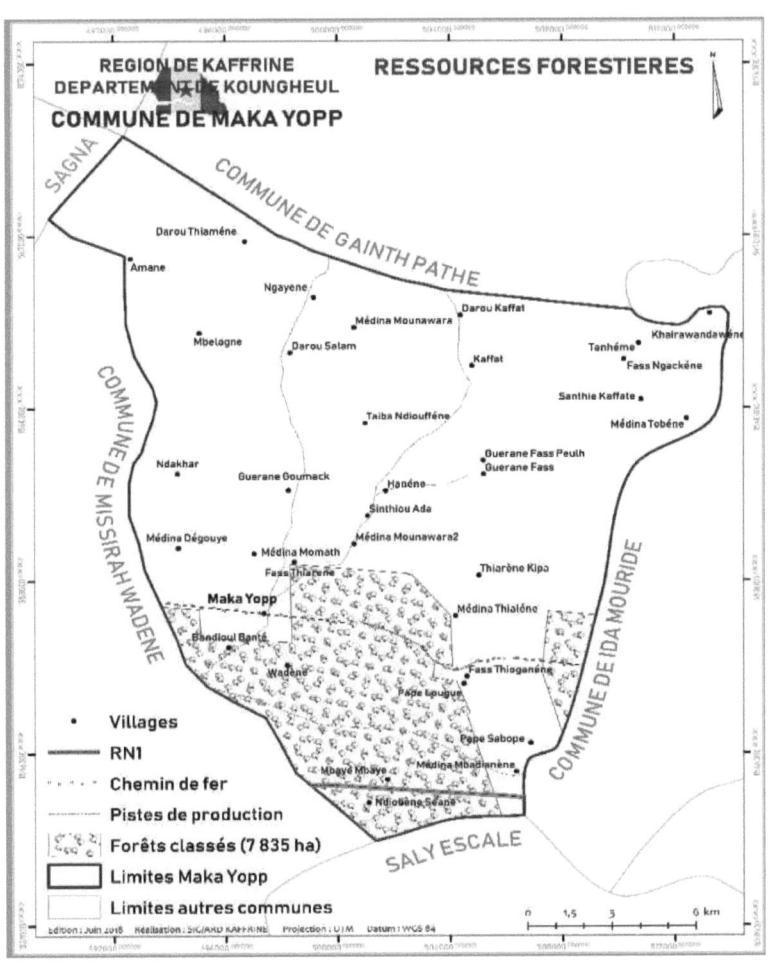

Carte 2 : Carte des intercommunalités

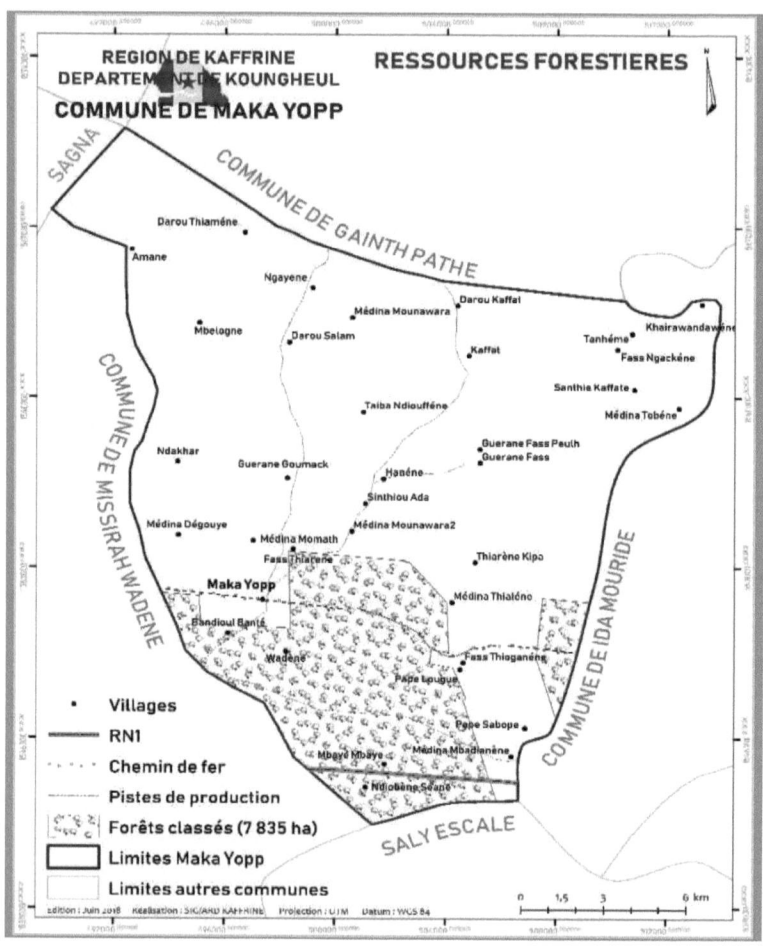

Carte 3 : Carte des intercommunalités

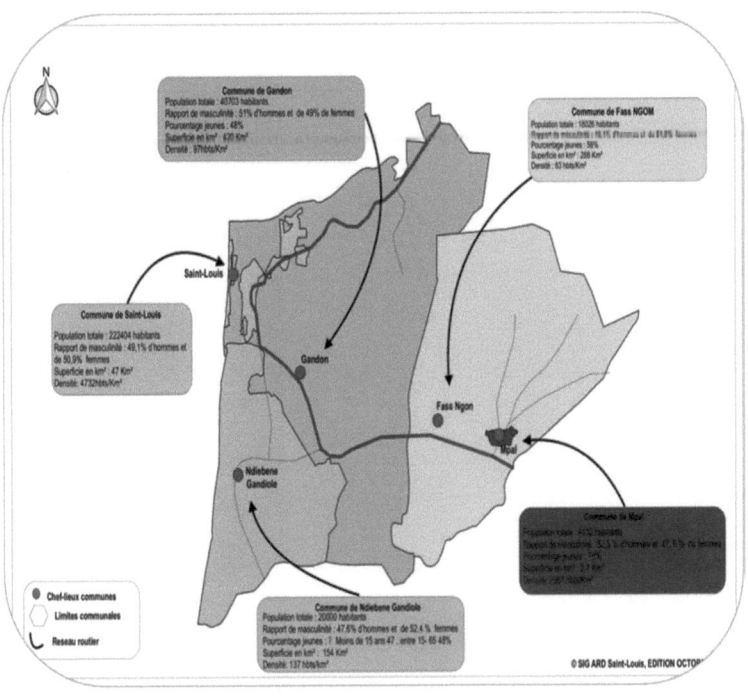

Carte 3 : Carte réalisée par l'ARD de Saint-Louis, une initiative à promouvoir

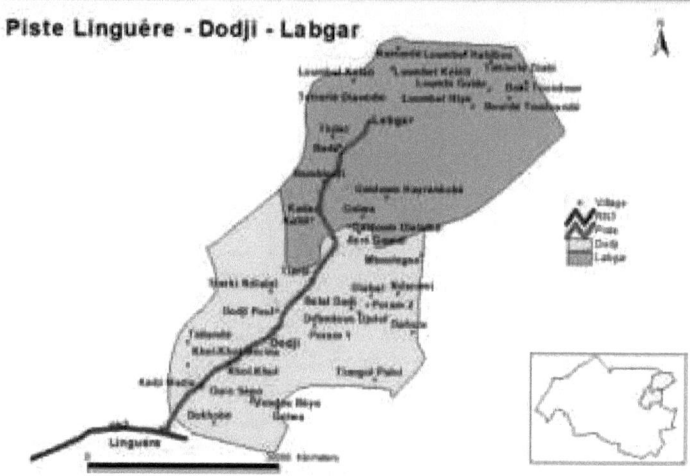

Carte 5 : Carte des intercommunalités

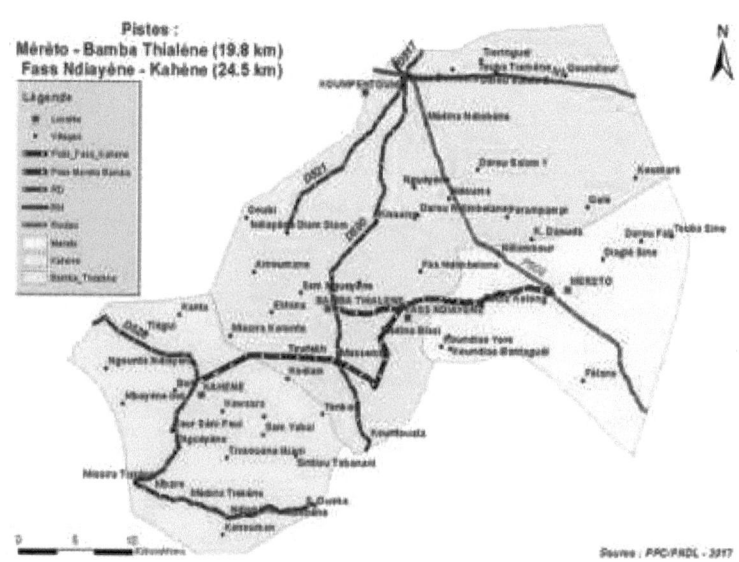

VI. LES PHASES, ÉTAPES, RÈGLES ET PROCÉDURES POUR RÉUSSIR UNE INITIATIVE D'INTERCOMMUNALITÉ - COMMENT PROCÉDER ?

Encadré 3 : Phases du diagnostic de territoire.

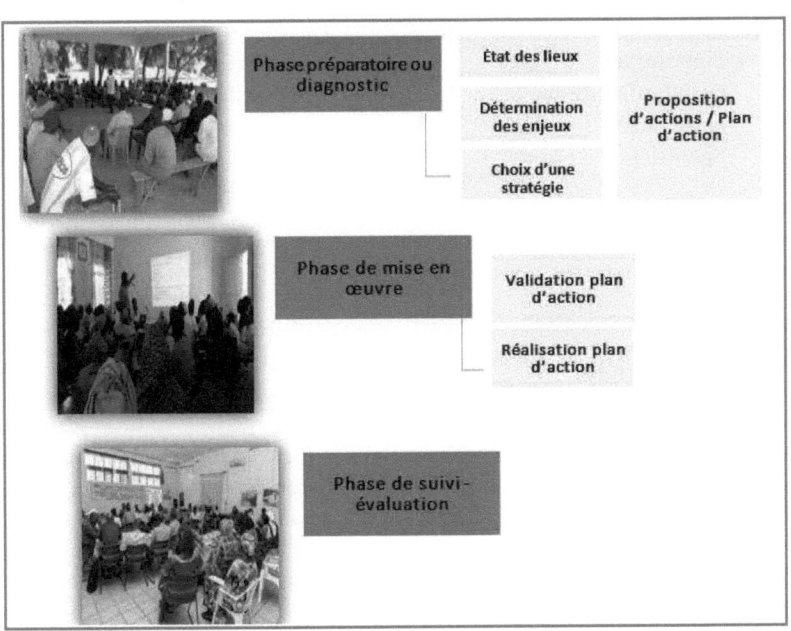

Encadré 4 : Processus d'intercommunalité

ÉTAPES	ACTEURS	STRATÉGIE
1. Évaluer les potentialités du territoire	Conseil municipal ou départemental appuyé par les partenaires	Élaborer, après diagnostic, un document de référence présentant les atouts territoriaux de la collectivité locale. L'étude peut s'appuyer sur le diagnostic du PDC ou du PDD le cas échéant.
2. Identifier les objets possibles de coopération	Conseil municipal ou départemental appuyé par les services techniques	Répertorier et prioriser les secteurs clés dont le développement est insuffisant et nécessite le recours à une coopération.
3. Élaborer un portefeuille de partenaires potentiels	Conseil municipal ou départemental appuyé par des experts en réseautage	Identifier et lister les partenaires possibles (communes et départements nationaux ou étrangers, organismes publics ou privés internes ou externes, etc.) en rapport avec les domaines de coopération pré identifiés.
4. Désigner un responsable de la coopération	Le Maire ou le (la) Président(e) du conseil départemental	Ce responsable peut être un membre du conseil municipal ou de l'administration municipale ou un expert travaillant à temps partiel et recruté avec l'appui des partenaires.

ÉTAPES	ACTEURS	STRATÉGIE
5. Contacter les partenaires potentiels	Le Maire ou le (la) Président(e) du conseil départemental et responsable de la coopération (suivi)	Adresser des correspondances accompagnées d'une présentation attractive de la collectivité territoriale aux responsables des organismes ciblés en précisant les attentes et assurer le suivi des correspondances.
6. Analyse du feed back et réaction	Le Maire ou le (la) Président(e) du conseil départemental et responsable de la coopération	Identifier les opportunités et provoquer une rencontre avec les partenaires intéressés pour des discussions approfondies.
7. Ficeler le dossier de coopération	Commission conjointe représentant les structures engagées	Mettre en place une commission conjointe qui rédige le projet de coopération tout en veillant au respect des prescriptions juridiques et en clarifiant les conditions financières de la coopération.
8. Adoption du projet de coopération	Le Maire où le (la) Président(e) du conseil départemental et responsable de la coopération avec autorisation du conseil et information (ou approbation) du RE	Bien choisir la forme juridique de la structure de coopération.

ÉTAPES	ACTEURS	STRATÉGIE
9. Mise en œuvre du projet de coopération	Tous les acteurs concernés et responsable de la coopération	Respecter le cahier des charges et assurer le suivi des résultats.
10. Évaluation de la coopération	Expert	Sur la base des résultats obtenus, poursuivre ou renouveler l'expérience ou se redéployer vers d'autres partenaires et d'autres formes de coopération. Capitaliser les expériences d'intercommunalité.

VII. LEÇONS TIRÉES DES EXPÉRIENCES D'INTERCOMMUNALITÉ AU SÉNÉGAL

Plusieurs initiatives d'intercommunalité et de coopération avaient été développées sous l'ancienne loi de 1996. On retiendra notamment, les initiatives de coopération interrégionale, d'entente interrégionale, les ententes intercommunales, les communautés urbaines, les groupements mixtes, la communauté des agglomérations de Dakar (CADAK), la communauté des agglomérations de Rufisque (CAR), l'Entente CADAK-CAR, etc. Sous l'Acte 3 de la décentralisation, on note l'*Entente interdépartementale de Fatick-Gossas-Foundiougne (visant à contribuer, dans le respect des dispositions de la loi, à la promotion, la coordination et la conduite d'initiatives, d'actions et de projets de développement d'intérêt commun, dans une démarche solidaire de coopération territoriale)*, le Réseau des maires du Bassin du Fleuve Sénégal, l'Entente Ngaparou- Somone-Malicounda-Mbour, etc.

Parmi les acquis de ces expériences, il y a lieu de relever :
- une réduction des incidences négatives de l'émiettement de l'espace local qui a impacté positivement sur la vitalité économique des collectivités locales ;
- une gestion coordonnée et efficace de certaines compétences lourdes (ordures ménagères, entretien routier) projets avec une certaine mutualisation des ressources financières, humaines et matérielles (CADAK-CAR) ;
- une économie d'échelle qui a favorisé la rentabilisation de certains investissements et la définition de stratégies collectives ;
- l'amélioration de mécanismes financiers tels que la TOM et l'amélioration du cadre de vie avec l'assistance à la réalisation de programmes et projets utiles (espaces verts, nettoiement, ramassage des animaux morts, curage, gestion de l'hôpital Abass Ndao, la gestion des bourses municipales).

Mais, des contraintes sont à retenir :
- l'initiative à l'adhésion à l'intercommunalité a été parfois dictée de l'extérieur, par l'État qui va ensuite peser sur les initiatives de la collectivité via son leadership (faible appropriation par les CT) ;
- une forte dépendance des collectivités locales qui n'ont pas eu l'autonomie financière, qui a toujours constitué le phénix du droit financier local ;
- l'absence d'un statut juridique et financier clair pour les structures intercommunales (la loi s'est bornée juste à prévoir les types d'intercommunalité sans les définir au fond, au point qu'elles ont été assimilées à des

collectivités territoriales, du point de vue de leur organisation et de leur fonctionnement) ;
- l'insuffisance de ressources propres aux structures intercommunales.

De l'analyse des acquis et des contraintes de l'intercommunalité au Sénégal, il ressort quatre leçons majeures :
- la nécessité de sensibiliser davantage les collectivités territoriales sur l'utilité et la valeur ajoutée potentielle de l'intercommunalité centrée sur des questions d'intérêt commun ;
- un besoin pour les collectivités territoriales de considérer l'intercommunalité non pas comme un effet de mode ou une simple volonté de l'État, mais comme un outil précieux de coopération et de développement territorial ;
- l'urgence de mettre en place un cadre juridique approprié pour mieux encadrer les initiatives de coopération internes et externes prises par les collectivités locales ;
- le besoin de clarifier les conditions financières et fiscales avant de lancer une **initiative de coopération intercommunale.**

D'autres expériences plus récentes d'intercommunalité telle l'Entente intercommunale Malicounda-Nguéniéne-Sandiara (MNS) dans le département de Mbour, dans le but de gérer la Nouvelle Agropole de l'Ouest assise sur une assiette foncière de 1160 ha, ont été notées en février 2021.

Ces initiatives peuvent concerner des secteurs comme l'hydraulique (exemple : la construction d'un réseau d'adduction d'eau potable), l'aménagement d'un Bassin Versant ou la construction d'une haie vive...etc

Encadré 5 : Facteurs de succès de l'intercommunalité

- Améliorer le cadre réglementaire actuel en précisant les types d'intercommunalité et les modalités de mise en œuvre pratique. À cet effet, les textes d'application du Code Général des Collectivités Territoriales et la loi d'orientation de l'intercommunalité initiée par la Commission Nationale du Dialogue des Territoires devraient être adoptés.
- Prévoir un dispositif pérenne, efficace et général d'accompagnement technique et financier des collectivités territoriales. Le PACASEN a été une réponse de l'État, il faut aller vers une généralisation de cette initiative afin que l'expérience soit profitable à toutes les communautés.

VIII. Recommandations aux acteurs de l'intercommunalité

Nos territoires ne doivent plus apparaître comme des supports passifs pour la localisation d'éventuelles entreprises, mais comme des milieux actifs au sein desquels naissent l'innovation et la créativité.

Nos territoires peuvent être des ressources avec une intercommunalité efficace, avec des formes spécifiques d'organisation de la production, territorialement intégrée et sur leur capacité à se développer avec une relative autonomie.

L'intercommunalité sera comme **un incubateur de l'innovation**, d'abord support d'activités économiques puis un nouvel espace d'organisation économique, socioculturelle, politique, institutionnelle, possédant des modes d'organisation et de régulation spécifique.

Ce sera le regroupement d'acteurs économiques et de ressources, qui, par leurs interactions, développent des compétences, des savoir-faire, des règles spécifiques.

En d'autres termes, il convient de ne pas considérer le territoire comme une donnée a priori, mais **comme les résultats d'un processus de construction, issu de stratégies organisationnelles des acteurs et des phénomènes d'apprentissage.**

Aujourd'hui, nous devons fonder notre analyse de l'intercommunalité et des pôles territoires sur une solide théorie du changement, de telle façon que le territoire n'apparaisse plus comme un ensemble de facteurs de localisation et d'institutions données, mais qu'il soit regardé comme une ressource spécifique en ce sens que sa construction devienne un élément essentiel du processus de changement.

C'est pourquoi la nouvelle intercommunalité pourrait être construite à partir de la notion de pôles territoires, c'est-à-dire **un ensemble spatial, ayant une dimension territoriale, mais pas de frontières définies ; a priori, il ne correspond donc pas à une région donnée au sens commun du terme, mais il présente une unité et une cohérence se traduisant par des comportements identifiables et spécifiques et une culture technique, entendue comme l'élaboration, la transmission et l'accumulation de pratiques, savoirs et savoir-faire, normes et valeurs liés à une activité économique.**

L'intercommunalité devrait concevoir les pôles territoires comme des lieux centrés sur la réduction de l'incertitude et des coûts. Les pôles territoires possèdent une fonction de recherche de solutions, de transmission, de transcription, de transformation et de contrôle des politiques publiques.

Pour une pratique plus généralisée et rentable de l'intercommunalité au Sénégal, il est recommandé :
- l'élaboration d'un document clé de capitalisation tirant les leçons détaillées de l'intercommunalité au Sénégal et dans quelques pays ciblés pour leur expérience dans ce domaine ;
- l'élaboration d'un cadre juridique précis, complet et approprié de l'intercommunalité au Sénégal ;
- la promotion des expériences concluantes d'intercommunalité par un système d'émulation ;
- la promotion de mécanismes de stimulation et de prise d'initiative en matière de création de structures intercommunales par les collectivités elles-mêmes ;
- la conception de stratégies de renforcement de l'autonomie financière des structures intercommunales ;
- l'élaboration de programmes spécifiques de promotion et de renforcement des dynamiques d'intercommunalité à l'échelle nationale.

BIBLIOGRAPHIE

Ouvrages et articles

ALISSOUTIN. R-L, *Les défis du développement local au Sénégal*, CODESRIA, Dakar, 172 p, 2008

BOKEL. A, *Le Droit administratif* N.E.A 1978 Vade-mecum des collectivités locales ; 4ème éd. Sous la direction de Bernard DREYFUS.

DEFFIGIER. C, « Intercommunalité et territorialisation de l'action publique en Europe » *Cairn, n° 121- 122, P 79-99, 2007.*

DIAGNE. M, « La décentralisation des compétences locales au Sénégal » in *URED* numéro spécial : mélanges en hommage à feu Madické Diop, pp. 339-411.

DIAGNE. M, *Le Droit des Collectivités Locales en Afrique* : L'exemple du Sénégal, éditions Panafrika, 2011.

DIALLO. I, *Le droit des collectivités locales au Sénégal*, L'Harmattan 2007, p.14.

DIEYE. A, « Les compétences transférées : état de mise en œuvre, Assises de la décentralisation, novembre 2007.

GUEYE THIOUNE. A, « Vers l'équité territoriale au Sénégal : l'exigence de réformes hardies », Editions Ndaxnam, 2021.

NDIAYE. C, Mémoire de DEA sur le thème « *Intercommunalité au Sénégal : Fondements juridiques, aspects pratiques, contraintes et perspectives* », UGB, 2005-2006, *p.50*

RIGAULT J-C, *Les Établissements publics de coopération intercommunale au cœur de la coopération intercommunale*, éditions Du Puits Fleuri, 2003.

TRAORE C. H, Intercommunalité et développement local : Étude du processus dans la commune de Saint-Louis, Mémoire DEA, UGB, 2015.

Textes juridiques

Loi 66-64 du 30 juin 1966 portant Code de l'administration communale

Loi 96-06 du 22 mars 1996 portant Code des collectivités locales in JORS 5689 du 20 mai 1996, pp. 196-227

Loi 96-07 du 22 mars 1996 portant transfert de compétences aux régions, communes et communautés rurales, in JORS 5689 du 20 mai 1996, pp. 228-235

Loi n° 2013-10 du 28 décembre 2013 portant Code Général des Collectivités Territoriales

Décret n° 80-1106 du 04 novembre 1980 portant création d'un groupement d'intérêt rural entre la commune de JOAL-FADIOUTH et la communauté rurale de NGUÉNIÈNE

Décret 96-1136 du 27 décembre 1996 portant application de la loi de transferts des compétences aux régions, communes et communautés rurales en matière d'éducation et d'alphabétisation et de promotion des langues nationales et de la formation professionnelle in JORS 5722 du 27 décembre 1996, pp. 580-584

Décret n° 83-1131 du 29 octobre 1983 portant création de la Communauté urbaine de Dakar (CUD)

Décret n° 2004-1093 du 04 août 2004 portant création de la Communauté des agglomérations de Dakar (CADAK)

Décret n° 2004-1094 portant création de la Communauté des agglomérations de Rufisque (CAR)

Décret n° 2004-1095 du 04 août 2004 portant création des groupements d'intérêt communautaire entre les communautés rurales des départements de Bignona, Podor, Kolda et Sédhiou

ANNEXES

Annexe 1 : Exemple de dispositif de gouvernance territoriale de l'intercommunalité à Ziguinchor

Intitulé		
Entente interdépartementale de Ziguinchor-EIZ-		
Organes	Missions	Contact
Conférence des Maires	Assemblée générale regroupant les exécutifs locaux. Elle définit la vision et donne les orientations stratégiques à l'Entente.	Agence Régionale de Développement de Ziguinchor

Commissions spécialisées : - Conférences sur la planification, le suivi et l'évaluation des Opérations de l'Entente - Conférences sur la valorisation du capital humain interdépartemental ; - Conférences sur la promotion d'un Label Casamance agro-alimentaire et touristique.	Instruit toute question technique concernant l'Entente	
Commission administrative	Responsable de l'administration et de la gestion de l'Entente	Agence Régionale de Développement de Ziguinchor
Bureau de l'Entente ou le Directoire	Pilote de l'initiative, il appuie la mise en œuvre des orientations stratégiques.	
Cadre Interdépartemental de Coopération	Cadre de concertation, d'échanges, de partage sur le développement territorial	

Source Agence Régionale de Développement de Ziguinchor

Annexe 2 : Fiches de projets de territoire Collectivités territoriales de Saint-Louis

FICHE DE PROJET N°02

Intitulé du projet	Projet d'appui à la mise en place de système intercommunal de gestion des ordures ménagères.
Secteur intervention du projet	Hygiène publique et protection de l'environnement
Maître d'ouvrage	Communes de Ndiébène Gandiol, Gandon, Fass Ngom, Mpal et Saint-Louis
Maître d'œuvre	L'Agence Régionale de Développement (ARD) de Saint-Louis
Cibles / bénéficiaires	Population des communes du département de Saint-Louis
Description du projet	Le projet consiste à la mise en place d'un système intercommunal de collecte et d'évacuation des ordures ménagères. Le système va s'opérer sur le territoire des cinq communes du département de Saint-Louis. Dans chaque commune, un dispositif de pré-collecte motorisé ou à traction animale sera mis en place pour une prise des ordures depuis le pas-de-porte du producteur. Des sites relais ou de transit seront aménagés dans les communes pour la collecte et l'évacuation des ordures vers la décharge finale située dans la commune de Gandon qui aura désormais une vocation départementale. Les moyens mécaniques de la commune de Saint-Louis seront utilisés pour la collecte et l'évacuation

	des ordures ménagères. Un lot d'équipement sera acquis pour le nettoiement, le conditionnement et la pré-collecte des ordures ménagères. Avant le démarrage du système de nettoiement, une vaste opération d'éradication des dépôts sauvages d'ordures sera menée dans toutes les communes du département de Saint-Louis. En outre, un système de surveillance sera mis en place en relation avec les acteurs locaux et la brigade d'hygiène pour la sensibilisation des ménages et la pérennisation des acquis. Dans les communes de Saint-Louis, la pré-collecte sera déléguée à un GIE de nettoiement sauf à Saint-Louis qui dispose déjà d'un service de nettoiement. La gestion du système intercommunal de gestion des ordures ménagères sera confiée à un service technique départemental de nettoiement. Des sessions de renforcement de capacités seront organisées à l'intention des acteurs du nettoiement (élus, ménages, OCB, GIE, etc.) pour une meilleure prise du cadre de vie environnemental et sanitaire.
Coût prévisionnel du projet	642 500 000 FCFA
Justification	Parmi les 9 domaines de compétences transférés aux CL en 1996, l'environnement et la protection des ressources occupent une place de choix. Ces dispositions renforcées par l'Acte III de la décentralisation ne dotent pas pour

	autant les communes de moyens nécessaires pour faire face à la lancinante question des ordures ménagères qui constituent un défi crucial pour les populations et les élus locaux. Avec bon nombre d'impacts négatifs sur la santé et la dégradation du cadre de vie, les déchets constituent une priorité majeure pour les communes ciblées. D'où la pertinence de ce projet de ramassage et d'évacuation des ordures ménagères.
Objectif général	Améliorer le cadre de vie sanitaire et environnemental des habitants des communes de Ndiébène Gandiole, Gandon, Fass et Mpal.
Objectifs spécifiques	Les déchets solides sont évacués et traités grâce à la participation physique et financière des habitants de l'ensemble des communes du département de Saint-Louis.
Durée d'exécution du projet	3 ans
Impacts socio-économiques	- La création d'emplois - Une meilleure appropriation par la population des enjeux environnementaux
Impacts environnementaux	- L'éradication de la pollution visuelle due à la dégradation du cadre de vie - L'extinction des nuisances olfactives liées aux mauvaises odeurs dégagées par les dépôts sauvages - La réduction des risques de contamination de la nappe phréatique

	- L'atténuation des menaces qui planent sur la santé des populations (diarrhée…)
Modalités de mise en œuvre	- Lancement des dossiers d'appel d'offres conformément aux lois en vigueur - Passation de marché selon les procédures requises - L'ARD assurera l'accompagnement et le suivi technique - L'association de toutes les couches de la population à la démarche
Principales activités	- Mise en place plateforme de valorisation des déchets - Construction de sites relais ou transits - Appui à la mise en place des équipements - Organisation de sessions de formation des acteurs du système (GIE, Conseils de quartier, élus, charretiers/collecteurs, etc.) - Éradication des dépôts sauvages (mise à zéro) - Organisation régulière de campagnes de sensibilisation des populations - Mise en place d'un cadre de concertation départementale pour le suivi du nettoiement - Mise en place d'un Service Technique Départemental pour la Gestion du Nettoiement (STDGN) - Élaboration d'un Plan Directeur pour la Gestion des Déchets (PDGD) - Cadre de mise en œuvre du système

Source Agence Régionale de Développement de Saint-Louis

FICHE DE PROJET N°03

Intitulé du projet	Projet d'aménagement des bas-fonds dans l'aire protégée des trois marigots et amélioration de la résilience des populations
Secteur d'intervention	Préservation de l'environnement, développement économique, agriculture
Maîtres d'ouvrage	Communes de Gandon et Fass Ngom
Maîtres d'œuvre	Agence Régionale de Développement (ARD)
Zone Cible et bénéficiaires	La zone d'intervention est située dans l'espace intercommunautaire érigé en APC depuis 2006. Elle couvre 18 villages et 92 hameaux, avec une population de 6075 habitants. Les villages cibles sont : Goback, Thilla Boye et Salguir ainsi que les hameaux environnants dans les communes de Gandon, Fass. Les bénéficiaires finaux sont les populations des villages, particulièrement les jeunes et femmes.
Durée d'exécution du projet	2 ans
Coût du projet :	136 000 000 FCFA
Justification	Le Sénégal dispose d'importantes potentialités en eau (aussi bien de surface que souterraine) qui sont en nette régression depuis les années 1970 du fait de la baisse continue des précipitations. Cette instabilité climatique a entraîné une importante baisse des nappes phréatiques et un assèchement des zones humides continentales qui leur sont associées. Dans les biefs maritimes, cet infléchissement du potentiel des nappes

	d'eau souterraines est également à l'origine d'une profonde pénétration des eaux marines entraînant une salinisation des terres agricoles et des eaux douces. Cette régression généralisée des ressources en eau douce a eu des impacts très négatifs notamment sur l'agriculture, l'élevage, l'approvisionnement en eau potable des populations ainsi que la conservation de la biodiversité qui constituent les maillons fondamentaux de l'économie rurale.
Objectifs	**Objectif global :** Améliorer la gestion du potentiel hydrique et les conditions de vie des populations de la zone de l'aire protégée des trois marigots **Objectifs spécifiques :** 1. Aménager les terres des bas-fonds afin de maîtriser l'eau et créer les conditions de production durable ; 2. Développer des usages multiples de la ressource en eau avec des activités génératrices de revenu ; 3. Structurer, sensibiliser et renforcer la capacité des acteurs sur la gestion durable de l'eau et la gouvernance environnementale.
Résultats attendus	**Résultat 1 :** La mobilité des populations, la maîtrise de l'eau et les conditions de production durable sont substantiellement améliorées ; **Résultat 2 :** Les populations développent de réelles capacités d'adaptations et de

	résilience face au phénomène des changements climatiques ; **Résultat 3 :** Les acteurs sont structurés et disposent de réelles capacités pour la gestion durable de l'eau et une gouvernance environnementale accomplie.
Principales activités	• Construction d'une digue de 1,5 km ; • Aménagements hydro-agricoles pour les jeunes et femmes ; • Aménagement de bois villageois intégrés ; • Création d'une pépinière communautaire ; • Aménagements de bassins piscicoles intégrés ; • Reboisement dans les villages ; • Promotion de la culture fourragère ; • Renforcement des capacités des acteurs ; • Mise en place du dispositif de gestion et de suivi ; • Sensibilisation sur les maladies hydriques et la gestion du patrimoine naturel ; • Communication et visibilité ; • Structuration et renforcement de capacités des acteurs locaux ; • Coordination et suivi
Impacts socio-économiques	- Situation et condition de vie des populations améliorées - Création d'emplois et de richesse - Forte consommation de produits issus des périmètres maraîchers

Impacts environnementaux	- Mise à la disposition de fermes modèles intégrées productrices d'une technique adéquate - Meilleur accès aux produits riches en protéines pendant toute l'année - Meilleure mobilité et sécurité des habitants - Autonomisation des femmes et des jeunes - Régénération de la biodiversité de la zone
Modalités de mise en œuvre	- Le marché des travaux sera exécuté conformément aux procédures de passation des marchés en vigueur. - L'ARD assurera l'accompagnement et le suivi technique avec les services techniques déconcentrés.

Source Agence Régionale de Développement de Saint-Louis

PORTRAIT DE L'AUTEUR

Madame Awa Gueye THIOUNE est juriste de formation, spécialisée en gouvernance et développement territorial. Elle est par ailleurs spécialiste en marketing et communication et possède une grande capacité en matière d'appui au processus de réforme politique et de marketing territorial.

Certifiée en ingénierie de formation, elle est expérimentée en matière de renforcement des capacités, de formulation et d'évaluation des programmes de développement.

Ex Porte-parole du Comité National de Pilotage de l'Acte 3 de la Décentralisation, elle est Chevalière de l'Ordre du mérite et a occupé jusqu'à mi 2015 la fonction de co-chef de file du Groupe des Bailleurs de Fonds en Décentralisation pour le compte de la Coopération Technique Allemande (ex GIZ PRODDEL).

Ancienne directrice des opérations de PRODDEL-GIZ, elle dispose d'une expérience de plus de quinzaine ans dans le secteur de la décentralisation et du développement territorial.

Elle possède de solides connaissances du secteur dans la sous-région où elle a occupé jusqu'en fin Mai 2016, la fonction de Secrétaire Permanente du Réseau Sectoriel DecNet (Decentralisation Networking) pour le compte de la GIZ PRODDEL. Cette plate-forme de la GIZ regroupe plus de 09 pays d'Afrique y compris le Madagascar.

Son action militante lui a valu d'être nommée citoyenne d'honneur de la collectivité territoriale de Ndiognick.

Promue Recteur du « Think tank » de « l'Université de la Décentralisation », initiative du Cercle des Communicants en Décentralisation -2 CD-, Madame Awa Gueye THIOUNE a été également Directeur des Programmes à la Commission Nationale du Dialogue des Territoires et possède de grandes connaissances des dossiers de la décentralisation et du développement territorial. Elle est promue au grade de Chevalier de l'Ordre National du Mérite.

Elle est l'auteur de plusieurs productions relatives, entre autres, à l'équité territoriale, le Guide sur les débats d'orientation, l'intégration du genre dans les projets et programmes de développement.

Elle occupe actuellement le poste de Directeur de la Formation Permanente à l'École Nationale d'Administration.

Auteur de, « Le Guide sur les débats d'orientation budgétaire », GIZ PRODDEL, 2012 et « Vers l'équité territoriale au Sénégal : l'exigence de réformes hardies », Éditions Ndaxnam, 2021, « L'intercommunalité au Sénégal. Un outil de coopération et de développement territorial » est son troisième ouvrage.

TABLE DES MATIÈRES

Remerciements 9
Liste des sigles et abréviations 11
Liste des encadrés 13
Liste des cartes 15
Préface 17
Avant-propos 21
Introduction 23
    1. Contexte de l'élaboration du guide de l'intercommunalité au Sénégal ——— 23
    2. Objectifs et intérêt du guide ——— 25
    3. Destinataires du guide ——— 26

I. Définition de l'intercommunalité 29

II. Le cadre juridique de l'intercommunalité au Sénégal 33
    1. Créer une entente intercommunale ——— 36
    2. Créer un Groupement d'Intérêt Communautaire -GIC- ——— 36

III. Les formes de l'intercommunalité et de la coopération territoriale : expériences pratiques 39

1. L'intercommunalité : pour quoi faire ? 40
2. Exemples de projets de territoire 41

IV. Les préalables et les principes clés de l'intercommunalité .. 45

1. Principes clés 45
   a. *Principe de spécialité* 45
   b. *Principe d'exclusivité* 46
   c. *Principe de mutualisation* 46
   d. *Principe de représentativité indirecte* 47
2. L'intercommunalité, périmètre et hinterland 47

V. Instruments de gouvernance de l'intercommunalité 49

1. Les organes de gouvernance de l'intercommunalité 49
   a. *Une instance politique de réflexion et de pilotage* 49
   b. *Une instance de suivi* 50
   c. *Une instance de discussion et d'information* 50
2. Les outils de gouvernance de l'intercommunalité 50
   a. *Carte des potentialités* 50
   b. *Exemple de cartes de coopération territoriale réalisées au niveau des collectivités territoriales* 51

VI. Les phases, étapes, règles et procédures pour réussir une initiative d'intercommunalité - Comment procéder ? 55

VII. Leçons tirées des expériences d'intercommunalité au Sénégal 59

VIII. Recommandations aux acteurs de l'intercommunalité ... 63

Bibliographie 67
   Ouvrages et articles ─────────────────────────67
   Textes juridiques ─────────────────────────68

Annexes 71
   Annexe 1 : Exemple de dispositif de gouvernance territoriale de l'intercommunalité à Ziguinchor ─────────────71
   Annexe 2 : Fiches de projets de territoire Collectivités territoriales de Saint-Louis ─────────────────────73

Portrait de l'auteur 81

Structures éditoriales
du groupe L'Harmattan

L'Harmattan Italie
Via degli Artisti, 15
10124 Torino
harmattan.italia@gmail.com

L'Harmattan Hongrie
Kossuth l. u. 14-16.
1053 Budapest
harmattan@harmattan.hu

L'Harmattan Sénégal
10 VDN en face Mermoz
BP 45034 Dakar-Fann
senharmattan@gmail.com

L'Harmattan Cameroun
TSINGA/FECAFOOT
BP 11486 Yaoundé
inkoukam@gmail.com

L'Harmattan Burkina Faso
Achille Somé – tengnule@hotmail.fr

L'Harmattan Guinée
Almamya, rue KA 028 OKB Agency
BP 3470 Conakry
harmattanguinee@yahoo.fr

L'Harmattan RDC
185, avenue Nyangwe
Commune de Lingwala – Kinshasa
matangilamusadila@yahoo.fr

L'Harmattan Congo
67, boulevard Denis-Sassou-N'Guesso
BP 2874 Brazzaville
harmattan.congo@yahoo.fr

L'Harmattan Mali
ACI 2000 - Immeuble Mgr Jean Marie Cisse
Bureau 10
BP 145 Bamako-Mali
mali@harmattan.fr

L'Harmattan Togo
Djidjole – Lomé
Maison Amela
face EPP BATOME
ddamela@aol.com

L'Harmattan Côte d'Ivoire
Résidence Karl – Cité des Arts
Abidjan-Cocody
03 BP 1588 Abidjan
espace_harmattan.ci@hotmail.fr

Nos librairies en France

Librairie internationale
16, rue des Écoles
75005 Paris
librairie.internationale@harmattan.fr
01 40 46 79 11
www.librairieharmattan.com

Librairie des savoirs
21, rue des Écoles
75005 Paris
librairie.sh@harmattan.fr
01 46 34 13 71
www.librairieharmattansh.com

Librairie Le Lucernaire
53, rue Notre-Dame-des-Champs
75006 Paris
librairie@lucernaire.fr
01 42 22 67 13